Impressum
Verlag: BABADADA GmbH, Nedderfeld 112 , 22529 Hamburg
Geschäftsführer / Verlagsleitung: Harald Hof
Druck: Books on Demand GmbH, In de Tarpen 42, 22848 Norderstedt

Imprint
Publisher: BABADADA GmbH, Nedderfeld 112 , 22529 Hamburg, Germany
Managing Director / Publishing direction: Harald Hof
Print: Books on Demand GmbH, In de Tarpen 42, 22848 Norderstedt, Germany

škola
escola

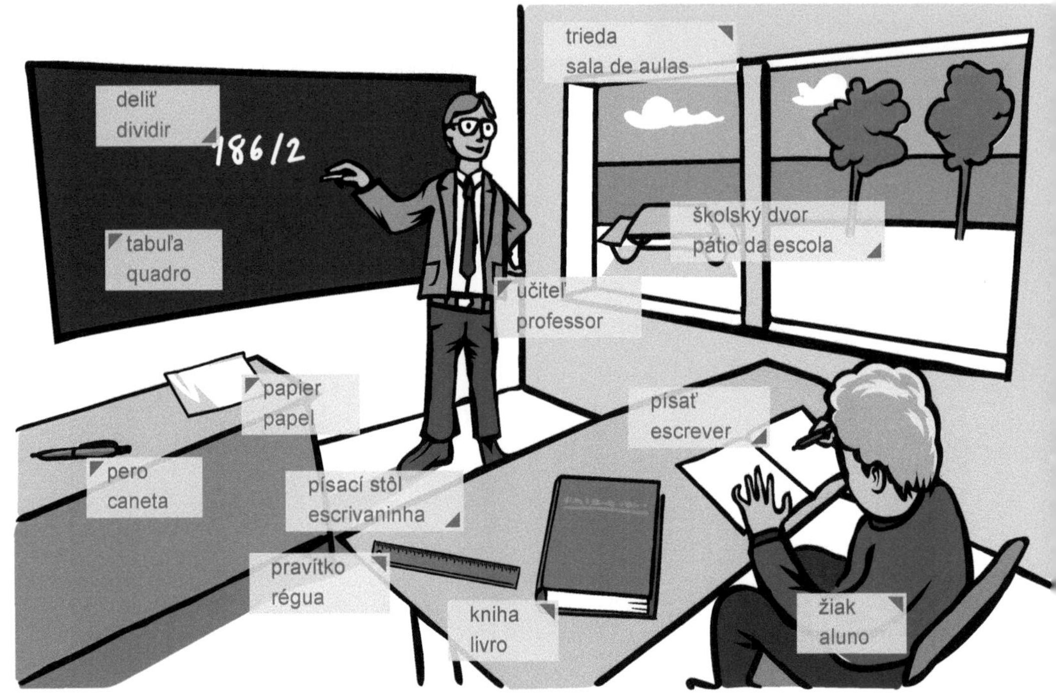

trieda
sala de aulas
deliť
dividir
186/2
tabuľa
quadro
školský dvor
pátio da escola
učiteľ
professor
papier
papel
písať
escrever
pero
caneta
písací stôl
escrivaninha
pravítko
régua
kniha
livro
žiak
aluno

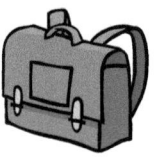

školská taška
sacola

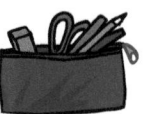

peračník
estojo de lápis

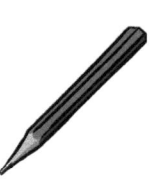

ceruza
lápis

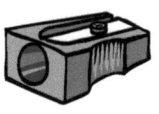

strúhadlo na ceruzky
apontador de lápis

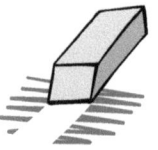

guma
borracha

skicár
bloco de desenho

kresba

desenho

štetec

pincel

vodové farby

estojo de tintas

nožnice

tesoura

lepidlo

cola

cvičný zošit

livro de exercícios

domáca úloha

lição de casa

číslo

número

sčítať

somar

odčítať

subtrair

násobiť

multiplicar

počítať

calcular

písmeno

letra

abeceda

alfabeto

slovo

palavra

text
texto

čítať
ler

krieda
giz

hodina
hora

triedna kniha
registro da classe

skúška
exame

certifikát
certificado

školská uniforma
uniforme escolar

vzdelanie
educação

encyklopédia
enciclopédia

univerzita
universidade

mikroskop
microscópio

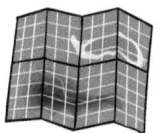

mapa
mapa

kôš na papier
cesto de lixo

cesta
viagem

hotel
hotel
Grand
nocľaháreň
albergue
ROOMS
CHANGE
zmenáreň
casa de câmbio
kufor
mala
auto
carro

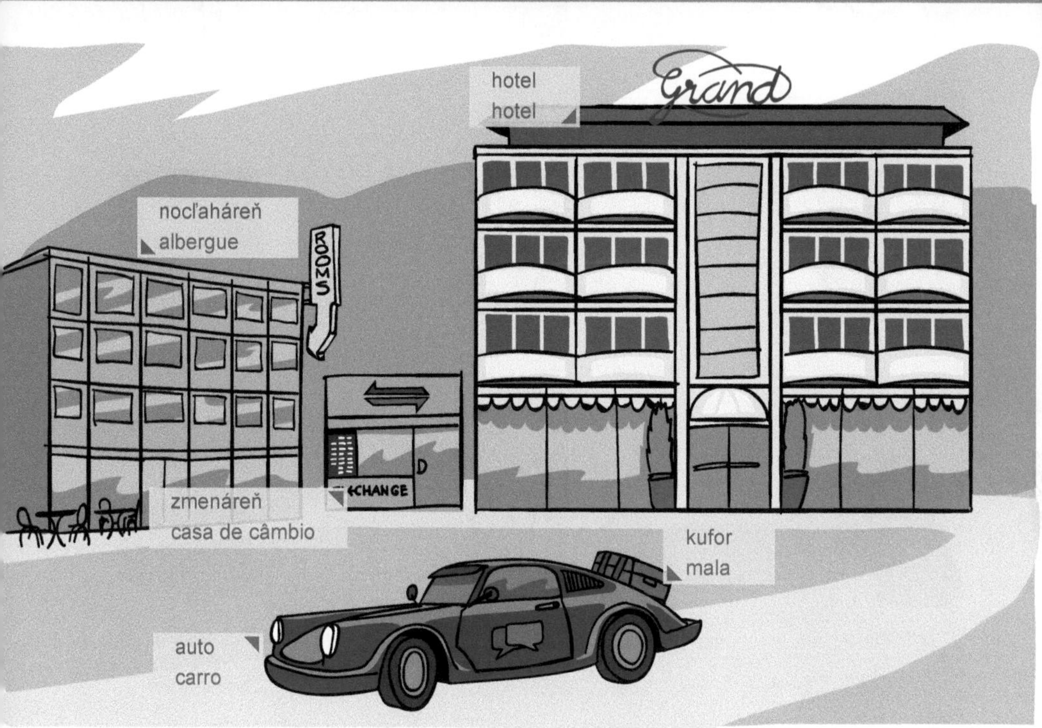

jazyk

idioma

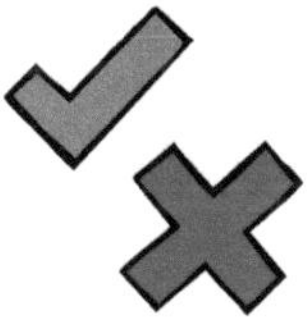

áno/nie

sim / não

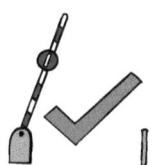

v poriadku

ok

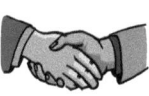

ahoj

Olá

prekladateľ

tradutor

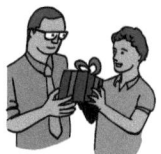

ďakujem

obrigado

Koľko stojí ... ?

quanto custa...?

Nerozumiem

eu não entendo

problém

problema

Dobrý večer!

boa noite!

Dobré ráno!

Bom dia!

Dobrú noc!

Boa noite!

Dovidenia

até logo

smer

direção

batožina

bagagem

taška

bolsa

batoh

mochila

hosť

convidado

izba

quarto

spacák

saco de dormir

stan

barraca

informácie pre turistov

informação turística

pláž

praia

kreditná karta

cartão de crédito

raňajky

café da manhã

obed

almoço

večera

jantar

cestovný lístok

bilhete

výťah

elevador

poštová známka

selo

hranica

fronteira

clo

alfândega

veľvyslanectvo

embaixada

vízum

visto

cestovný pas

passaporte

doprava
transporte

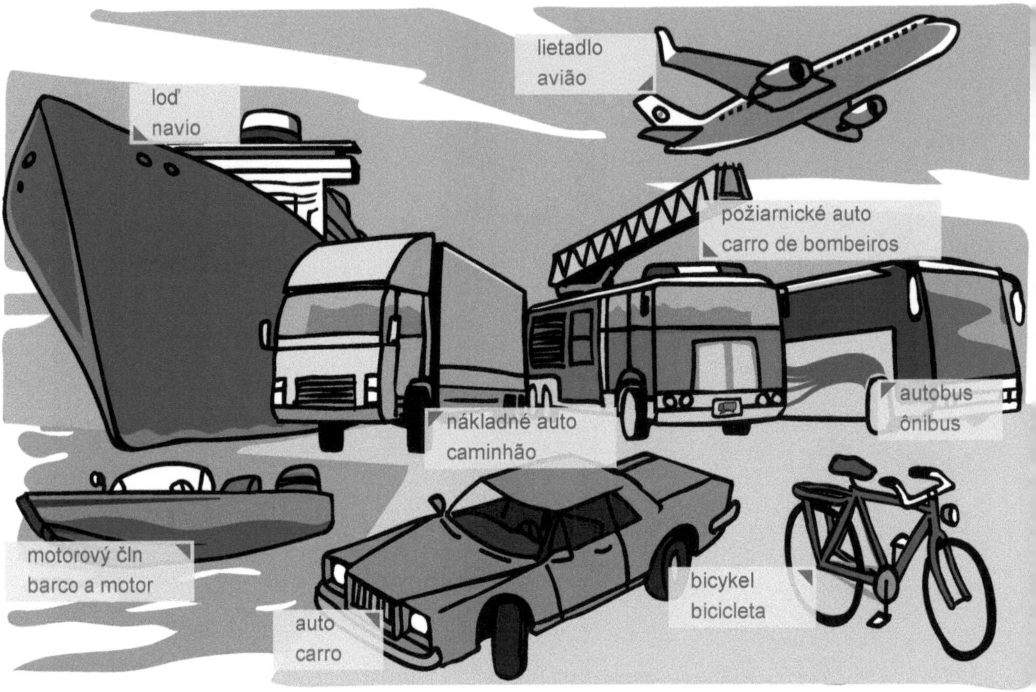

loď
navio
lietadlo
avião
požiarnické auto
carro de bombeiros
nákladné auto
caminhão
autobus
ônibus
motorový čln
barco a motor
bicykel
bicicleta
auto
carro

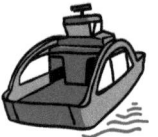

trajekt

balsa

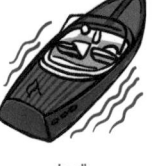

loď

barco

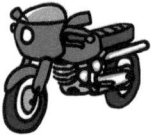

motorka

motocicleta

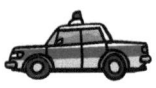

policajné auto

veículo policial

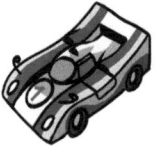

pretekárske auto

carro de corrida

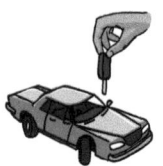

vozidlo z požičovne

carro de aluguel

carsharing

compartilhamento de
automóvel

odťahové auto

caminhão de reboque

smetiarske auto

caminhão de lixo

motor

motor

benzín

combustível

čerpacia stanica

posto de gasolina

dopravná značka

placa de trânsito

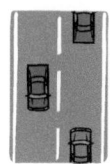

premávka

trânsito

zápcha

trânsito lento

parkovisko

estacionamento

vlaková stanica

estação de trem

trate

trilhos

vlak

trem

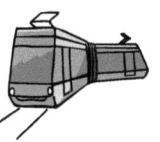

električka

bonde

vagón

vagão

helikoptéra

helicóptero

letisko

aeroporto

veža

torre

pasažier

passageiro

kontajner

contêiner

kartón

cartolina

vozík

carroça

kôš

cesto

štartovať / pristáť

decolar / pousar

mesto
cidade

dedina

vilarejo

centrum mesta

centro da cidade

dom

casa

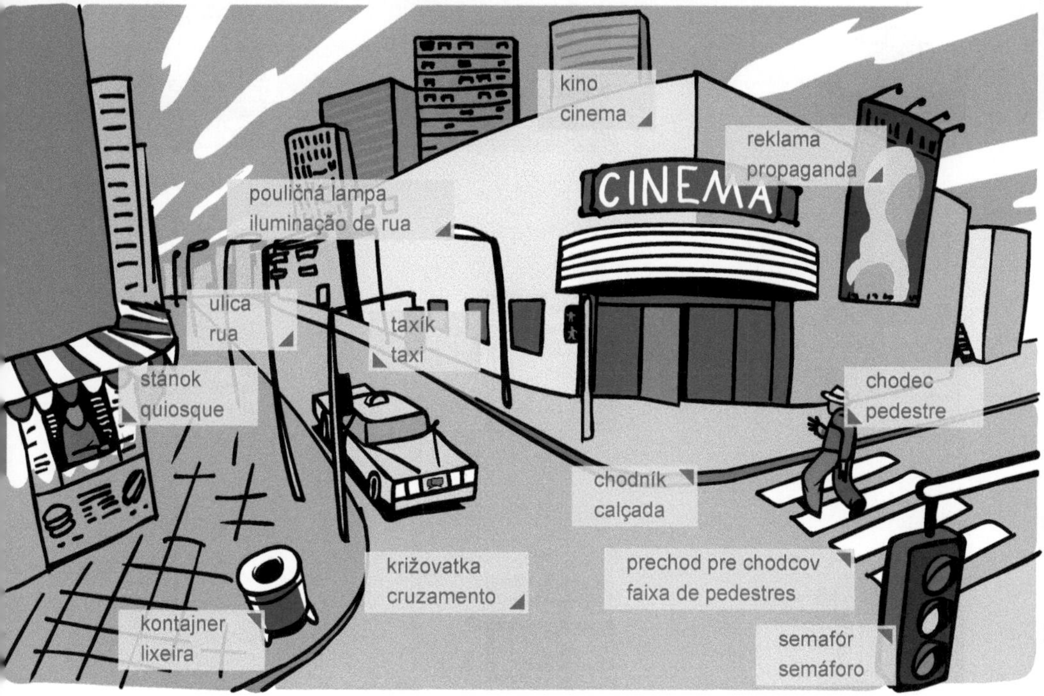
kino
cinema
reklama
propaganda
CINEMA
pouličná lampa
iluminação de rua
ulica
rua
taxík
taxi
stánok
quiosque
chodec
pedestre
chodník
calçada
križovatka
cruzamento
prechod pre chodcov
faixa de pedestres
kontajner
lixeira
semafór
semáforo

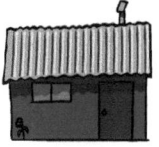

chata

cabana

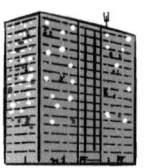

byt

apartamento

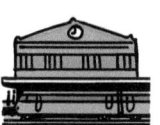

vlaková stanica

estação de trem

radnica

prefeitura

MUSEUM

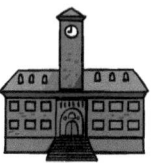

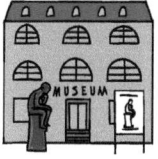

múzeum

museu

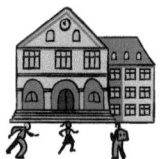

škola

escola

univerzita

universidade

banka

banco

nemocnica

hospital

hotel

hotel

lekáreň

farmácia

kancelária

escritório

kníhkupectvo

livraria

obchod

loja

kvetinárstvo

floricultura

supermarket

supermercado

trh

mercado

obchodný dom

loja de departamentos

obchodník s rybami

peixaria

nákupné stredisko

centro comercial

prístav

porto

park
parque

lavička
banco

most
ponte

schody
escadas

metro
metrô

tunel
túnel

autobusová zastávka
ponto de ônibus

bar
bar

reštaurácia
restaurante

poštová schránka
caixa de correspondência

tabuľa s názvom ulice
placa de rua

parkovacie hodiny
parquímetro

ZOO
zoológico

plaváreň
piscina

mešita
mesquita

farma
....
fazenda

znečisťovanie životného prostredia
....
poluição

cintorín
....
cemitério

kostol
....
igreja

ihrisko
....
parquinho

chrám
....
templo

terén
paisagem

list
folha

smerová tabuľa
placa de sinalização

cesta
caminho

lúka
gramado

kameň
pedra

turista
caminhantes

strom
árvore

rieka
rio

tráva
grama

kvet
flor

dolina

vale

kopec

montanha

jazero

lago

les

floresta

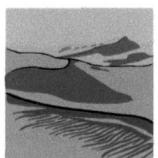

púšť

deserto

vulkán

vulcão

zámok

castelo

dúha

arco-íris

hríb

cogumelo

palma

palmeira

komár

mosquito

mucha

mosca

mravec

formiga

včela

abelha

pavúk

aranha

terén - paisagem

chrobák

besouro

žaba

sapo

veverička

esquilo

jež

ouriço

zajac

lebre

sova

coruja

vták

pássaro

labuť

cisne

diviak

javali

jeleň

veado

los

alce

hrádza

barragem

veterná turbína

aerogerador

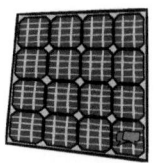

solárny panel

painel solar

podnebie

clima

reštaurácia
restaurante

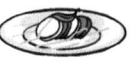

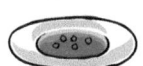

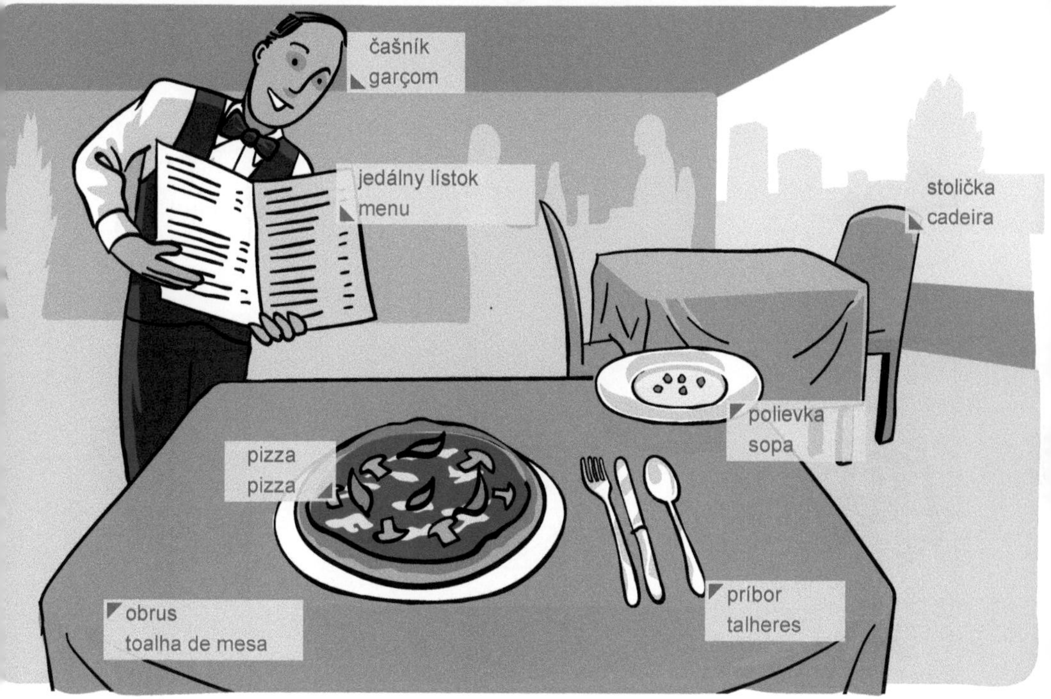
čašník
garçom
jedálny lístok
menu
stolička
cadeira
polievka
sopa
pizza
pizza
obrus
toalha de mesa
príbor
talheres

predjedlo

entrada

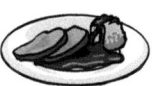

hlavné jedlo

prato principal

zákusok

sobremesa

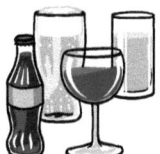

nápoje

bebidas

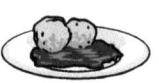

jedlo

comida

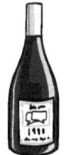

fľaša

garrafa

fast-food

fastfood

street food

comida de rua

kanvica na čaj

bule de chá

cukornička

açucareiro

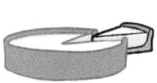

porcia

porção

stroj na espresso

máquina de expresso

detská stolička

cadeirão

účet

conta

podnos

bandeja

nôž

faca

vidlička

garfo

lyžica

colher

čajová lyžička

colher de chá

obrúsok

guardanapo

pohár

copo

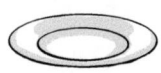

tanier
prato

hlboký tanier
prato de sopa

podšálka
pires

omáčka
molho

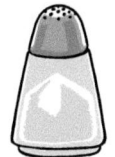

soľnička
saleiro

mlynček na korenie
moedor de pimenta

ocot
vinagre

olej
óleo

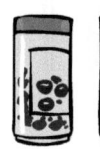

korenie
especiarias

kečup
ketchup

horčica
mostarda

majonéza
maionese

supermarket
supermercado

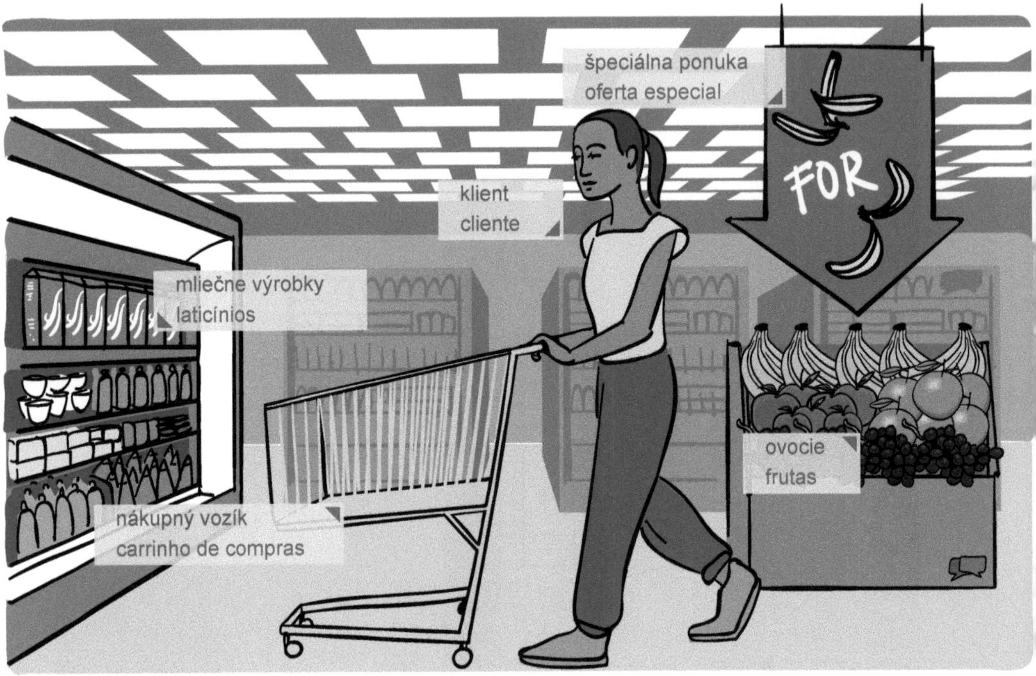

špeciálna ponuka
oferta especial
FOR
klient
cliente
mliečne výrobky
laticínios
ovocie
frutas
nákupný vozík
carrinho de compras

BUTCHERS

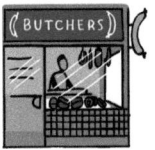

mäsiarstvo
açougue

BAKERY

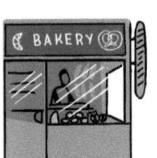

pekáreň
padaria

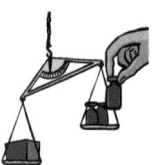

vážiť
pesar

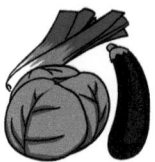

zelenina
legumes

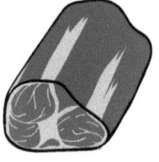

mäso
carne

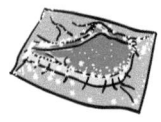

mrazené potraviny
congelados

nárez

charcutaria

konzervy

conservas

prací prostriedok

detergente em pó

sladkosti

doces

domáce potreby

artigos domésticos

čistiace prostriedky

produtos de limpeza

predavačka

vendedora

pokladňa

caixa

pokladník

caixa

nákupný zoznam

lista de compras

otváracie hodiny

horário de funcionamento

peňaženka

carteira

kreditná karta

cartão de crédito

taška

sacola

plastové vrecko

saco plástico

nápoje
bebidas

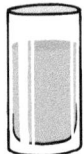

voda

água

džús

suco

mlieko

leite

kola

coca-cola

víno

vinho

pivo

cerveja

alkohol

álcool

kakao

cacau

čaj

chá

káva

café

espresso

expresso

kapučíno

cappuccino

banán

banana

jablko

maçã

pomaranč

laranja

melón

melão

citrón

limão

mrkva

cenoura

cesnak

alho

bambus

bambu

cibuľa

cebola

hríb

cogumelo

orechy

nozes

rezance

macarrão

špagety

espaguete

ryža

arroz

šalát

salada

hranolky

batatas fritas

pečené zemiaky

batatas frias

pizza

pizza

hamburger

hambúrger

obložený chlebík

sanduíche

rezeň

escalope

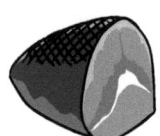

šunka

presunto

saláma

salame

klobása

salsicha

kurča

galinha

pečené mäso

assado

ryba

peixe

ovsené vločky

flocos de aveia

müsli

granola

kukuričné lupienky

flocos de milho

múka

farinha

croissant

croissant

pečivo

pãozinho

chlieb

pão

hrianka

torrada

sušienky

biscoitos

maslo

manteiga

tvaroh

requeijão

koláč

bolo

vajce

ovo

volské oko

ovo frito

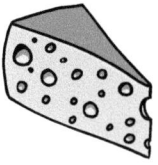

syr

queijo

zmrzlina

sorvete

cukor

açúcar

med

mel

lekvár

geleia

nugátová nátierka

creme de avelãs

karí korenie

curry

farma
fazenda

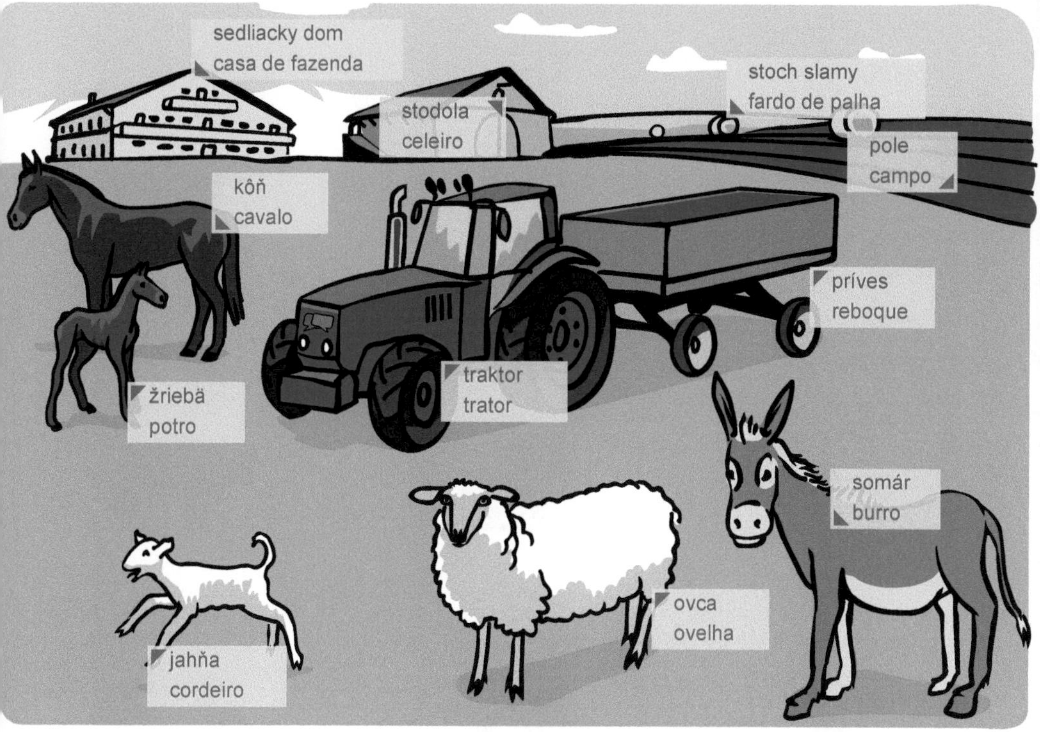
sedliacky dom
casa de fazenda
stodola
celeiro
stoch slamy
fardo de palha
pole
campo
kôň
cavalo
príves
reboque
žriebä
potro
traktor
trator
somár
burro
ovca
ovelha
jahňa
cordeiro

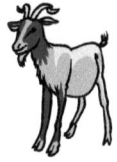

koza
cabra

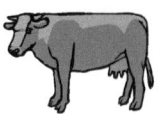

krava
vaca

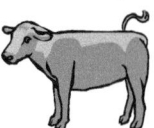

teľa
bezerro

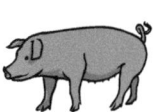

prasa
porco

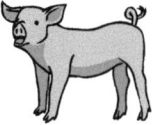

prasiatko
leitão

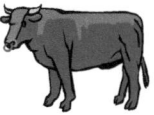

býk
touro

hus
ganso

kačica
pato

kuriatko
pintinho

sliepka
galinha

kohút
galo

potkan
ratazana

mačka
gato

myš
camundongo

vôl
boi

pes
cachorro

psia búda
casinha do cachorro

záhradná hadica
mangueira de jardim

krhla
regador

kosa
foice

pluh
arado

kosák

foice

motyka

enxada

vidly na hnoj

forquilha

sekera

machado

fúrik

carrinho de mão

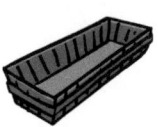

koryto

manjedoura

kanva na mlieko

jarra de leite

vrece

saco

plot

cerca

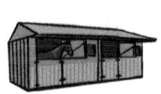

maštaľ

estábulo

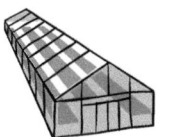

skleník

estufa

pôda

solo

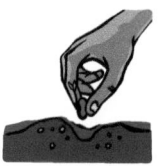

osivo

semente

hnojivo

fertilizante

kombajn

colheitadeira

žať
colher

žatva
colheita

batát
inhame

pšenica
trigo

sója
soja

zemiak
batata

kukurica
milho

repka
colza

ovocný strom
árvore frutífera

maniok
mandioca

obilie
cereais

komín
chaminé

strecha
telhado

dažďový odkvap
calhas de chuva

okno
janela

garáž
garagem

zvonček
campainha da porta

dvere
porta

odpadkový kôš
lata de lixo

poštová schránka
caixa de correspondência

záhrada
jardim

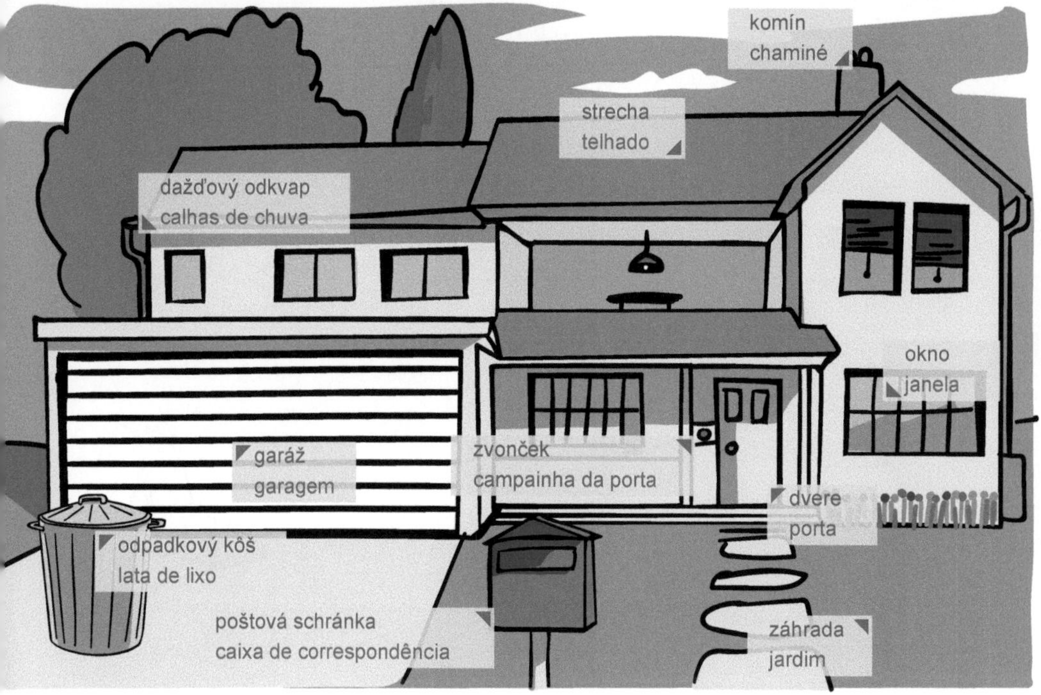

obývačka

sala de estar

kúpeľňa

banheiro

kuchyňa

cozinha

spálňa

quarto de dormir

detská izba

quarto de criança

jedáleň

sala de jantar

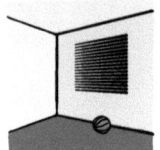

podlaha
chão

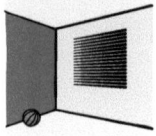

stena
parede

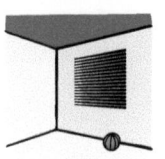

strop
teto

pivnica
porão

sauna
sauna

balkón
varanda

terasa
terraço

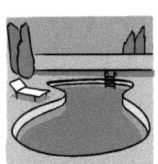

bazén
piscina

kosačka
cortador de grama

obliečka
lençol

posteľná prikrývka
coberta

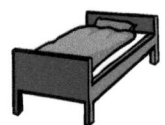

posteľ
cama

metla
vassoura

vedro
balde

vypínač
interruptor

obývačka
sala de estar

tapeta
papel de parede
obraz
quadro
lampa
lâmpada
regál
prateleira
skriňa
armário
televízor
televisão
kozub
lareira
kvet
flor
vankúš
travesseiro
pohovka
sofá
váza
vaso
diaľkové ovládanie
controle remoto

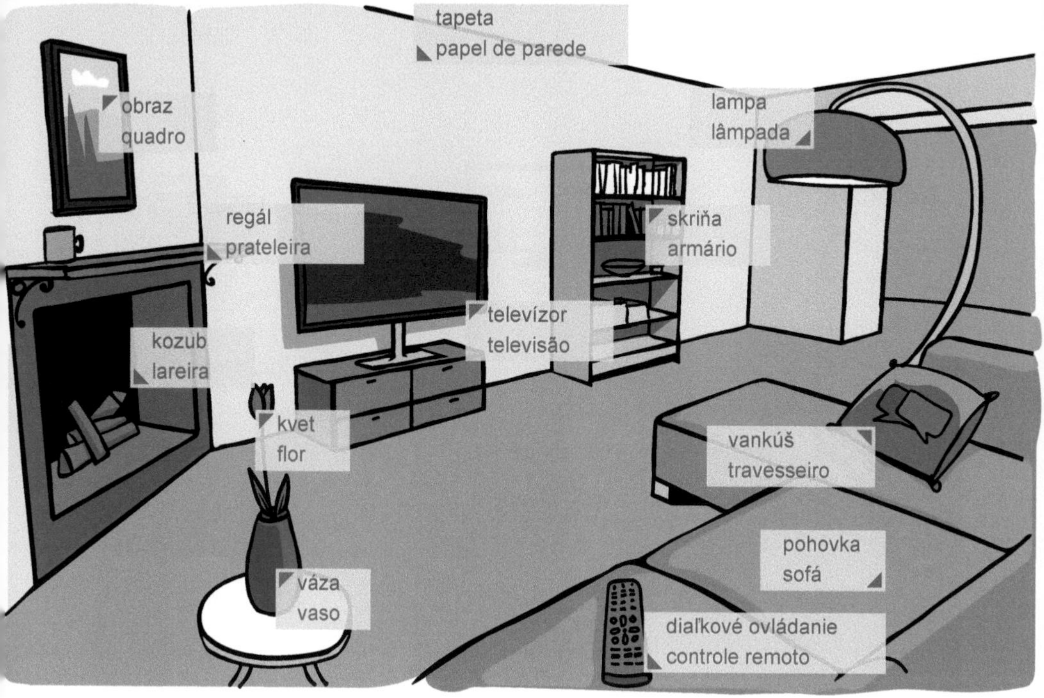

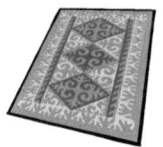

koberec

tapete

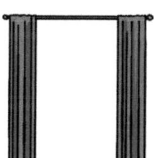

záclona

cortina

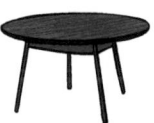

stôl

mesa

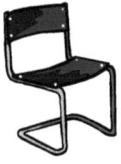

stolička

cadeira

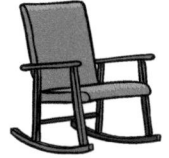

hojdacie kreslo

cadeira de balanço

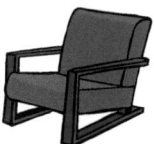

kreslo

poltrona

kniha

livro

prikrývka

cobertor

dekorácia

decoração

drevo na kúrenie

lenha

film

filme

hi-fi veža

equipamento de som

kľúč

chave

noviny

jornal

maľba

pintura

plagát

pôster

rádio

rádio

zápisník

bloco de notas

vysávač

aspirador

kaktus

cacto

sviečka

vela

kuchyňa
cozinha

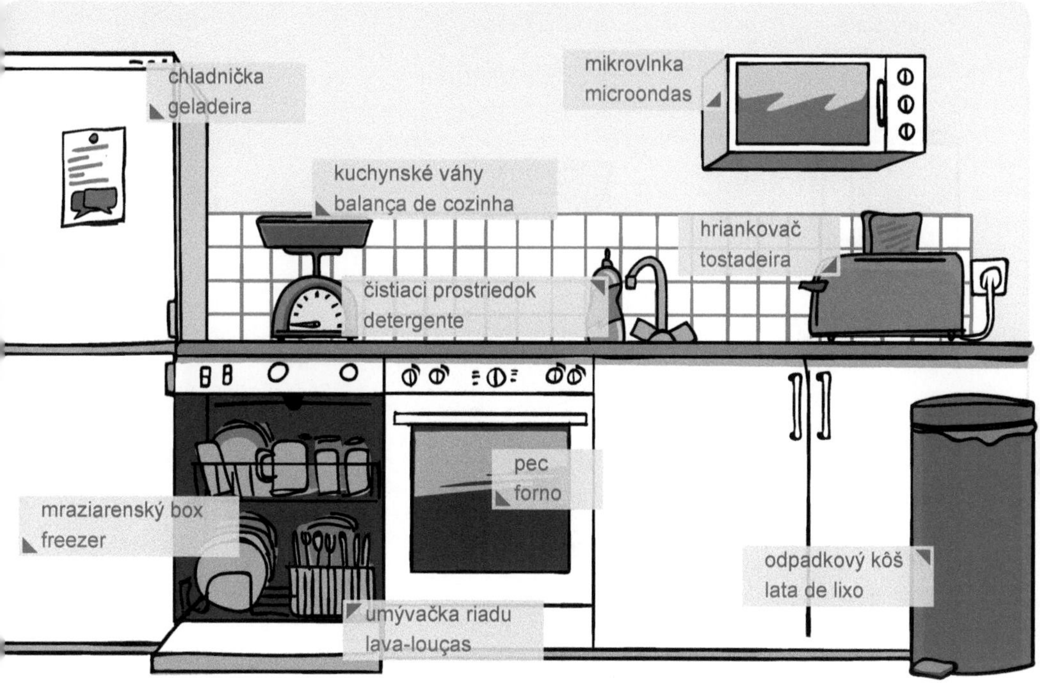
chladnička
geladeira
mikrovlnka
microondas
kuchynské váhy
balança de cozinha
hriankovač
tostadeira
čistiaci prostriedok
detergente
pec
forno
mraziarenský box
freezer
odpadkový kôš
lata de lixo
umývačka riadu
lava-louças

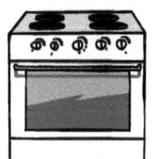

sporák

fogão

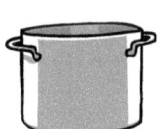

hrniec

panela

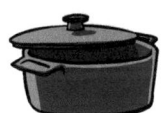

železný hrniec

panela de ferro

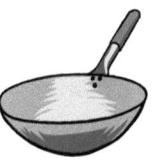

wok / kadai

wok / kadai

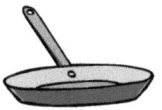

panvica

frigideira

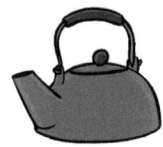

rýchlovarná kanvica

chaleira

parný hrniec

panela a vapor

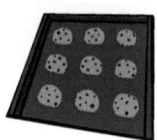

plech na pečenie

tabuleiro de forno

riad

louça

pohár

caneca

misa

caçarola

paličky

hashi

naberačka na polievku

concha de sopa

stierka

espátula

metlička

batedor

cedidlo

escorredor

sitko

peneira

strúhadlo

ralador

mažiar

almofariz

gril

churrasqueira

ohnisko

lareira

doska na krájanie

tábua de cortar

valček na cesto

rolo da massa

vývrtka

saca-rolhas

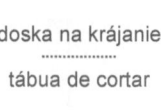

konzerva

lata

otvárač na konzervy

abridor de latas

chňapka

pegador de panela

výlevka

pia

kefa

escova

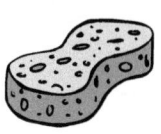

hubka

esponja

mixér

liquidificador

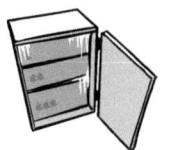

mraznička

congelador

kojenecká fľaša

mamadeira

vodovodný kohútik

torneira

kúpeľňa
banheiro

kúrenie
aquecimento
uterák
toalha
sprcha
ducha
sprchový záves
cortina de chuveiro
pena do kúpeľa
banho de espuma
vaňa
banheira
pohár
copo
práčka
lava-roupa
vodovodný kohútik
torneira
dlaždice
azulejos
nočník
penico
výlevka
pia

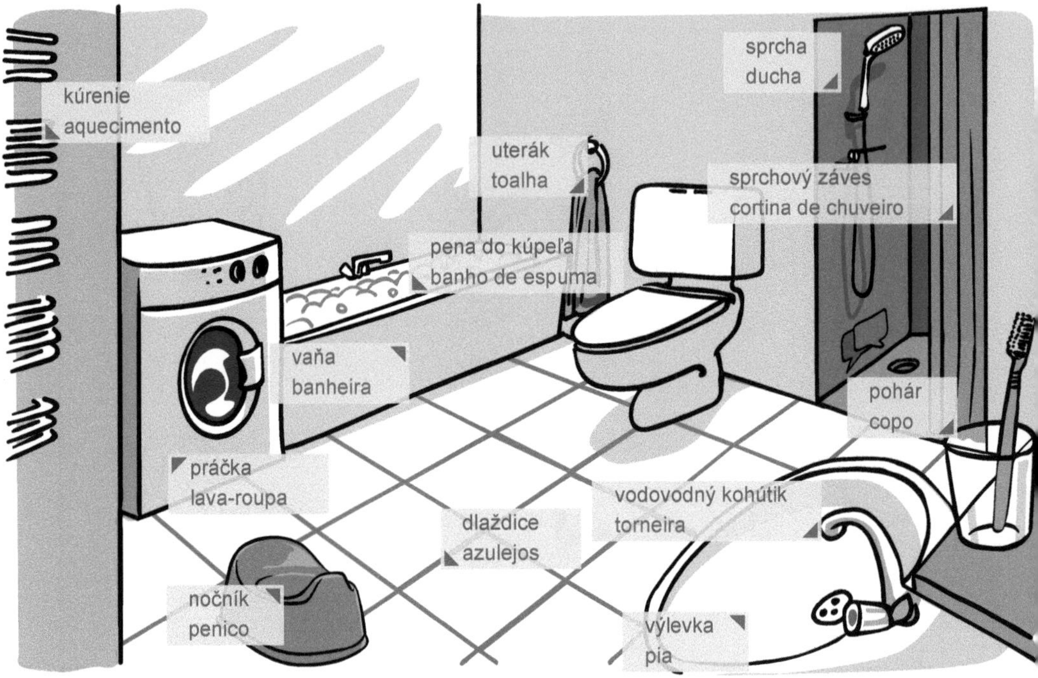

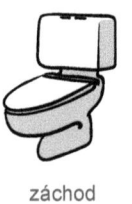

záchod

vaso sanitário

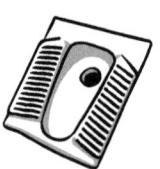

suchý záchod

lavabo de agachar

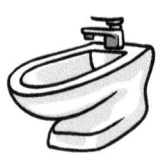

bidet

bidê

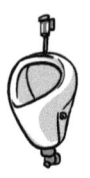

pisoár

mictório

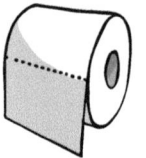

toaletný papier

papel higiênico

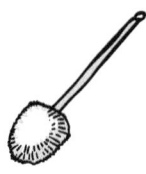

záchodová kefa

escova de privada

zubná kefka

escova de dentes

zubná pasta

pasta de dentes

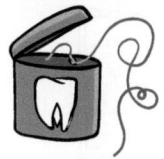

dentálna niť

fio dental

umývať

lavar

ručná sprcha

ducha de mão

sprcha pre intímnu hygienu

ducha íntima

umývadlo

bacia

kefa na chrbát

escova para as costas

mydlo

sabonete

sprchový gél

gel de banho

šampón

xampu

frotírová rukavica

toalha de rosto

odtok

escoamento

krém

creme

dezodorant

desodorante

zrkadlo

espelho

kozmetické zrkadlo

espelho de mão

žiletka

barbeador

pena na holenie

espuma de barbear

voda po holení

loção pós-barba

hrebeň

pente

kefa

escova

sušič vlasov

secador de cabelo

sprej na vlasy

spray de cabelo

make-up

maquiagem

rúž

batom

lak na nechty

esmalte de unhas

vata

algodão

nožnice na nechty

tesoura para unhas

parfum

perfume

kozmetická taška

nécessaire

stolček

banquinho

váha

balança

kúpací plášť

roupão de banho

gumové rukavice

luvas de borracha

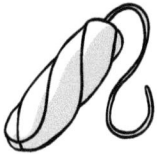

tampón

absorvente interno

menštruačná vložka

absorvente íntimo

chemické WC

banheiro químico

detská izba

quarto de criança

budík
despertador
plyšová hračka
boneco de pelúcia
hračkárske auto
carrinho de brinquedo
hrkálka
chacoalho
domček pre bábiky
casa de bonecas
dar
presente

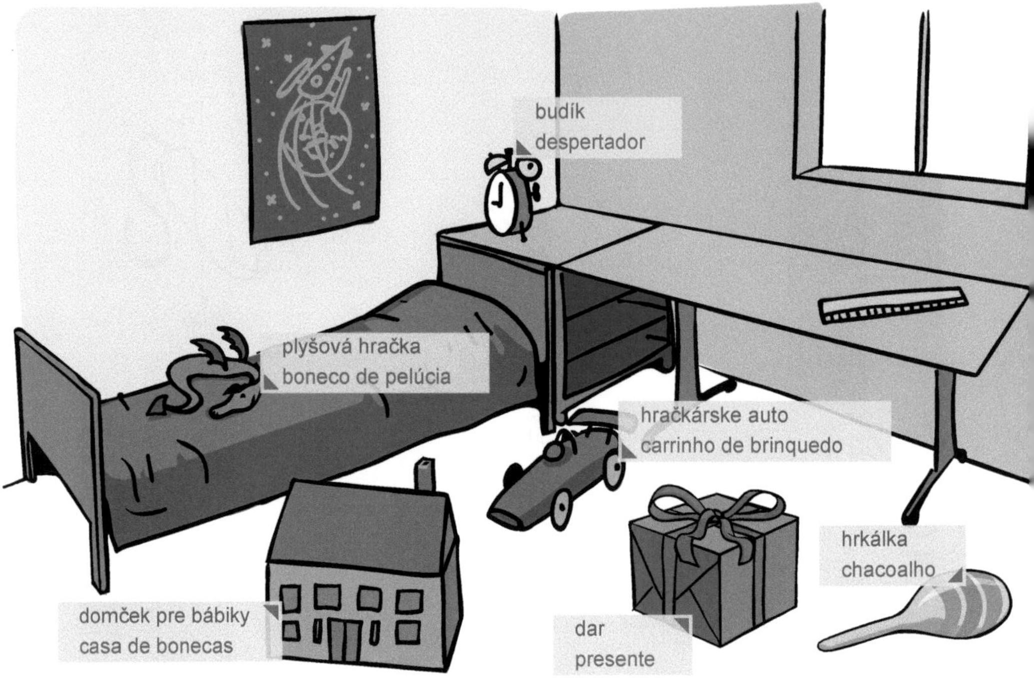

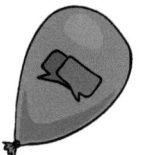

balón

balão

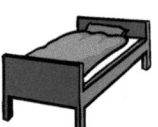

posteľ

cama

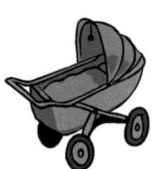

detský kočík

carrinho de bebê

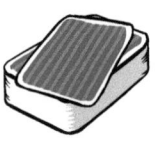

karty

jogo de cartas

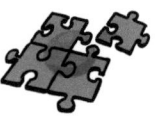

puzzle

quebra-cabeças

SUPER
MEGA

komix

revista de quadrinhos

skladačka lego

peças de Lego

stavebnica

blocos de construção

akčná postavička

figura de ação

dupačky

macaquinho de bebê

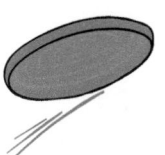

lietajúci tanier

frisbee

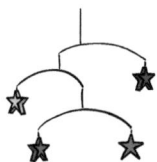

závesné hračky

móbile para bebé

stolová hra

jogo de tabuleiro

kocka

dados

modelový vláčik

trenzinho elétrico

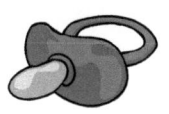

cumlík

chupeta

párty

festa

obrázková kniha

livro ilustrado

lopta

bola

bábika

boneca

hrať sa

brincar

pieskovisko

caixa de areia

hojdačka

balanço

hračky

brinquedos

hracia konzola

videogame

trojkolka

triciclo

medvedík

ursinho de pelúcia

šatník

guarda-roupa

šatstvo

vestuário

ponožky

meias

pančuchy

meias pelo joelho

pančuchové nohavičky

meias-calças

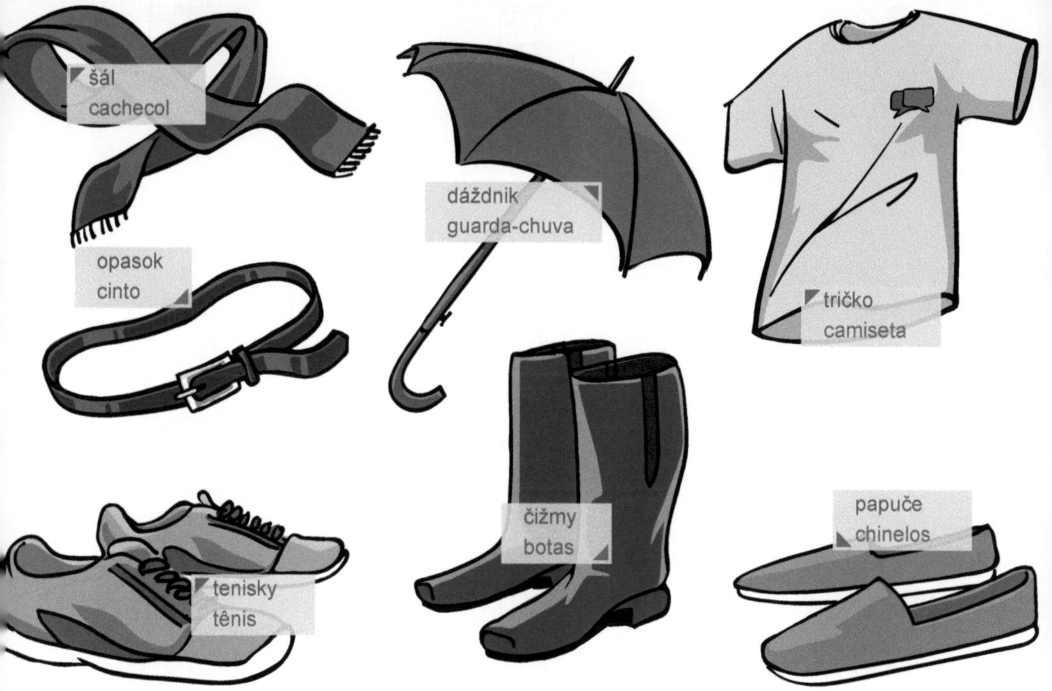

šál
cachecol

dáždnik
guarda-chuva

tričko
camiseta

opasok
cinto

čižmy
botas

papuče
chinelos

tenisky
tênis

sandále
....
sandálias

topánky
....
sapatos

gumáky
....
botas de borracha

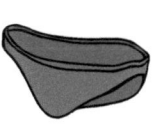

spodky
....
roupa de baixo

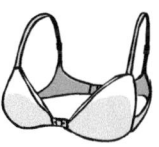

podprsenka
....
sutiã

tielko
....
camiseta de baixo

body
body

nohavice
calças

džínsy
jeans

sukňa
saia

blúzka
blusa

košeľa
camisa

pulóver
pulôver

sveter
suéter com capuz

blejzer
blazer

bunda
jaqueta

kabát
casaco

pršiplášť
gabardine

kostým
traje

šaty
vestido

svadobné šaty
vestido de casamento

oblek

terno

nočná košeľa

camisola

pyžamo

pijama

sari

sari

šatka na hlavu

lenço de cabeça

turban

turbante

burka

burca

kaftan

cafetã

abaja

abaya

dvojdielne plavky

maiô

plavky

sunga

šortky

shorts

teplákova súprava

roupa de treino

zástera

avental

rukavice

luvas

gombík

botão

okuliare

óculos

náramok

pulseira

retiazka

colar

prsteň

anel

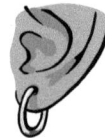

náušnica

brinco

čiapka

boné

vešiak

cabide

klobúk

chapéu

kravata

gravata

zips

zíper

prilba

capacete

traky

suspensórios

školská uniforma

uniforme escolar

uniforma

uniforme

podbradník

babador

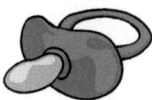

cumlík

chupeta

plienka

fralda

kancelária
escritório

server
servidor

skriňa na spisy
armário de arquivos

tlačiareň
impressora

papier
papel

monitor
monitor

písací stôl
escrivaninha

myš
mouse

zakladač
pasta

klávesnica
teclado

kôš na papier
cesto de lixo

stolička
cadeira

počítač
computador

hrnček na kávu

xícara de café

kalkulačka

calculadora

internet

internet

laptop

laptop

list

carta

správa

mensagem

mobil

celular

sieť

rede

kopírka

copiadora

softvér

software

telefón

telefone

elektrická zásuvka

tomada

fax

fax

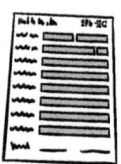

formulár

formulário

doklad

documento

kúpiť

comprar

platiť

pagar

obchodovať

negociar

peniaze

dinheiro

USD

dolár

Dólar

EUR

euro

Euro

JPY

jen

Yen

RUB

rubeľ

rublo

CHF

švajčiarsky frank

franco suíço

CNY

čínsky jüan

renminbi yuan

INR

rupia

rupia

bankomat

caixa eletrônico

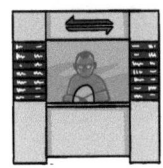

zmenáreň

casa de câmbio

zlato

ouro

striebro

prata

ropa

petróleo

energia

energia

cena

preço

zmluva

contrato

daň

imposto

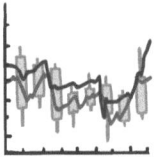

akcia

ação

pracovať

trabalhar

zamestnanec

empregado

zamestnávateľ

empregador

továreň

fábrica

obchod

loja

policajt
policial

hasič
bombeiro

kuchár
cozinheiro

lekár
médico

pilót
piloto

záhradník
jardineiro

stolár
marceneiro

krajčírka
costureira

sudca
juiz

chemik
químico

herec
ator

vodič autobusu

motorista de ônibus

taxikár

motorista de táxi

rybár

pescador

upratovačka

faxineira

pokrývač

telhador

čašník

garçom

poľovník

caçador

maliar

pintor

pekár

padeiro

elektrikár

eletricista

stavebný robotník

construtor

inžinier

engenheiro

mäsiar

açougueiro

klampiar

encanador

poštár

carteiro

vojak

soldado

architekt

arquiteto

pokladník

caixa

kvetinár

florista

kaderník

cabelereiro

sprievodca

condutor

mechanik

mecânico

kapitán

capitão

zubár

dentista

vedec

cientista

rabín

rabino

imám

imam

mních

monge

farár

pastor

náradie
ferramentas

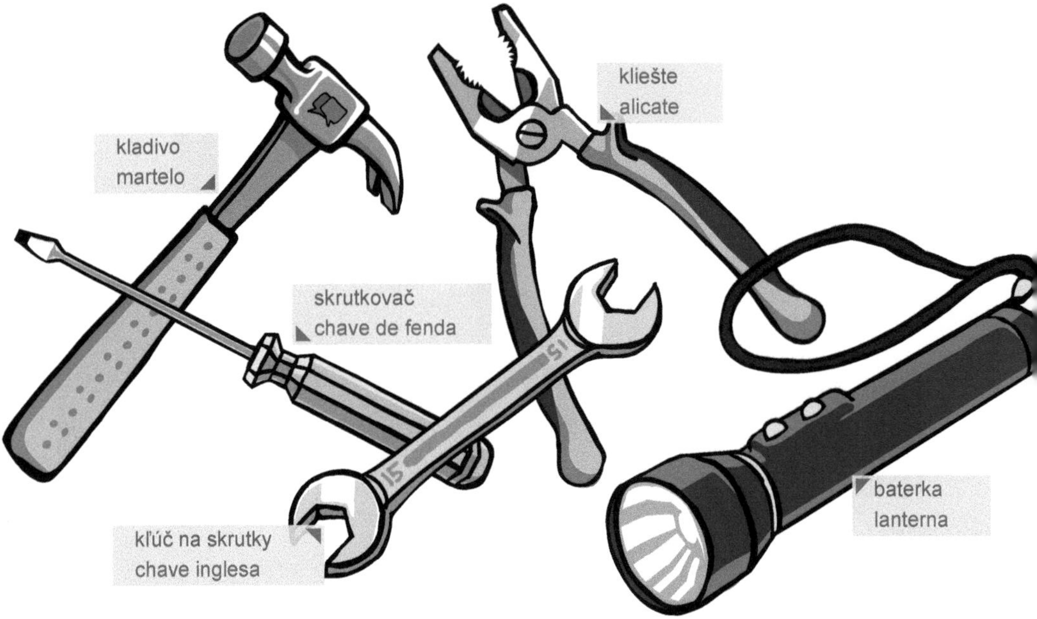

kladivo
martelo
kliešte
alicate
skrutkovač
chave de fenda
kľúč na skrutky
chave inglesa
baterka
lanterna

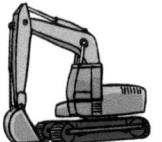

bager

escavadora

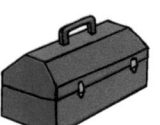

súprava náradia

caixa de ferramentas

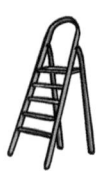

rebrík

escada de mão

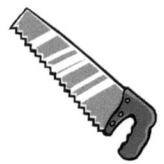

pílka

serra

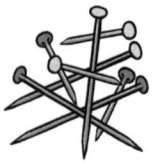

klince

pregos

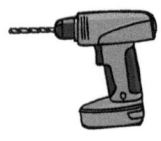

vrták

furadeira

opraviť

consertar

lopata

pá

Do čerta!

Droga!

lopatka na smeti

pá de lixo

nádoba s farbou

pote de tinta

skrutky

parafusos

hudobné nástroje

instrumentos musicais

reproduktor
alto-falante

bicie
bateria

gitara
guitarra

kontrabas
contrabaixo

trúbka
trompete

klavír

piano

husle

violino

basa

baixo

tympany

timbales

bubon

tambor

klávesnica

teclado

saxofón

saxofone

flauta

flauta

mikrofón

microfone

ZOO
zoológico

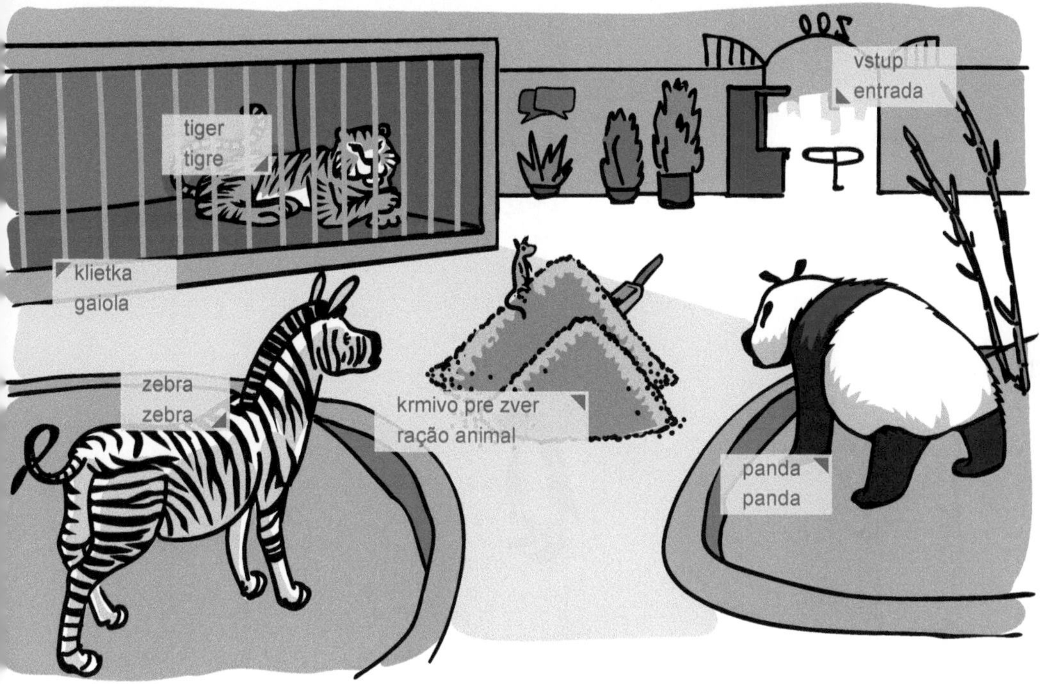

vstup
entrada
tiger
tigre
klietka
gaiola
zebra
zebra
krmivo pre zver
ração animal
panda
panda

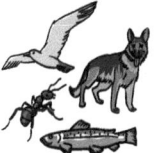

zvieratá
animais

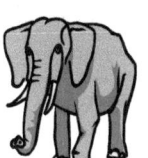

slon
elefante

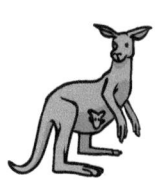

klokan
canguru

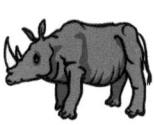

nosorožec
rinoceronte

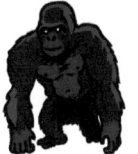

gorila
gorila

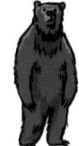

medveď
urso

ťava

camelo

pštros

avestruz

lev

leão

opica

macaco

plameniak

flamingo

papagáj

papagaio

ľadový medveď

urso polar

tučniak

pinguim

žralok

tubarão

páv

pavão

had

cobra

krokodíl

crocodilo

ošetrovateľ v ZOO

guarda do zoológico

tuleň

foca

jaguár

jaguar

poník

pônei

leopard

leopardo

hroch

hipopótamo

žirafa

girafa

orol

águia

diviak

javali

ryba

peixe

korytnačka

tartaruga

mrož

morsa

líška

raposa

gazela

gazela

americký futbal
futebol americano

cyklistika
ciclismo

tenis
tênis

basketbal
basquete

plávanie
natação

box
boxe

hokej
hóquei no gelo

futbal
futebol

bedminton
badminton

ľahká atletika
atletismo

hádzaná
handebol

lyžovanie
esqui

pólo
polo

aktivity
atividades

smiať sa
rir
skočiť
pular
objať
abraçar
chodiť
andar
spievať
cantar
snívať
sonhar
modliť sa
rezar
pobozkať
beijar

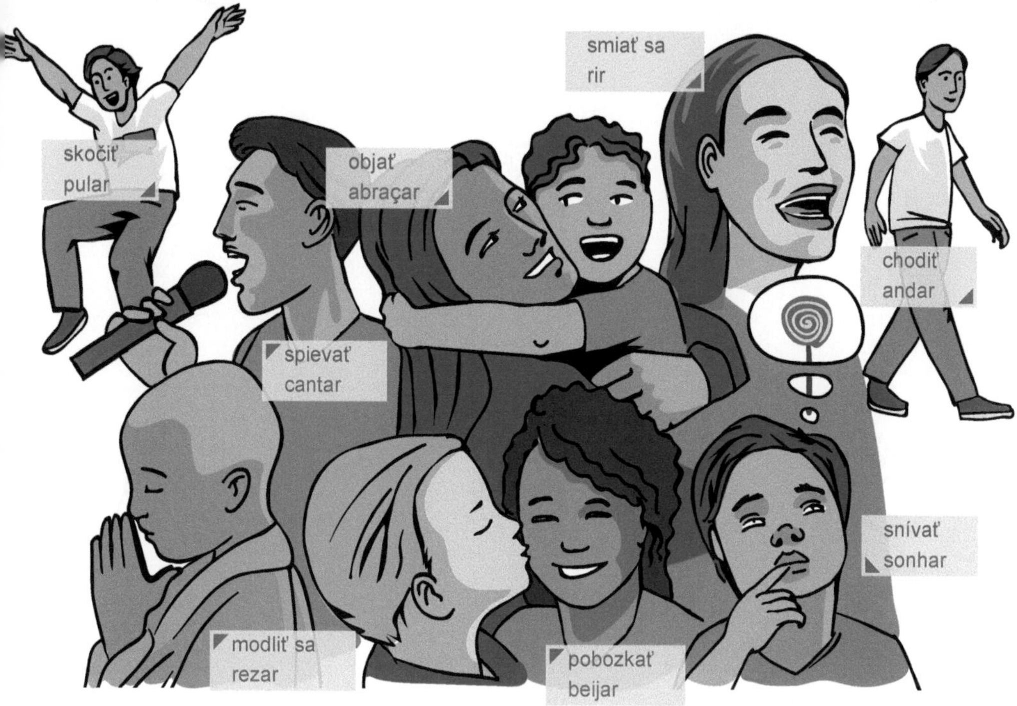

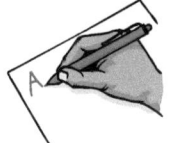

písať

escrever

kresliť

desenhar

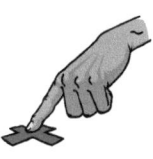

ukázať

mostrar

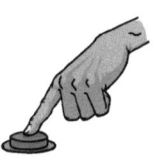

tlačiť

empurrar

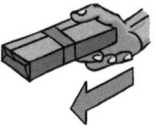

dať

dar

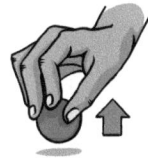

brať

tomar

mať

ter

robiť

fazer

byť

ser

stáť

ficar de pé

bežať

correr

ťahať

puxar

hádzať

jogar

padnúť

cair

ležať

deitar

čakať

esperar

nosiť

carregar

sedieť

sentar

obliecť sa

vestir

spať

dormir

zobudiť sa

despertar

pozerať

olhar para

plakať

chorar

hladkať

acariciar

česať

pentear

hovoriť

falar

rozumieť

entender

pýtať sa

perguntar

počuť

ouvir

piť

beber

jesť

comer

upratať

arrumar

milovať

amar

variť

cozinhar

jazdiť

dirigir

letieť

voar

plachtiť
....
velejar

počítať
....
calcular

čítať
....
ler

učiť sa
....
aprender

pracovať
....
trabalhar

oženiť
....
casar

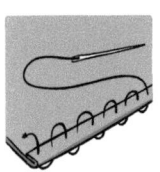

šiť
....
costurar

čistiť zuby
....
escovar os dentes

zabiť
....
matar

fajčiť
....
fumar

poslať
....
enviar

stará mama
avó

starý otec
avô

otec
pai

mama
mãe

bábo
bebê

dcéra
filha

syn
filho

hosť

convidado

teta

tia

strýko

tio

brat

irmão

sestra

irmã

telo

corpo

čelo
testa
oko
olho
tvár
rosto
brada
queixo
hruď
peito
prst
dedo
ruka
mão
rameno
braço
plece
ombro
noha
perna

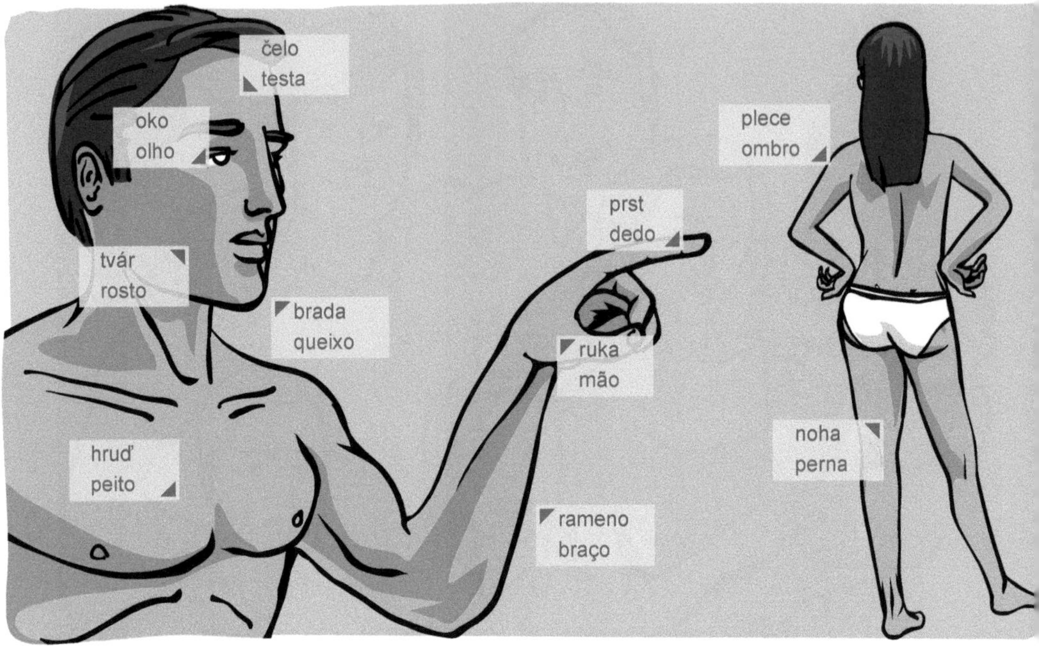

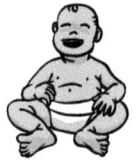

bábo

bebê

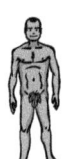

muž

homem

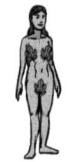

žena

mulher

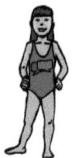

dievča

menina

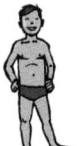

chlapec

menino

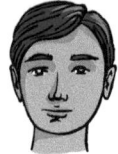

hlava

cabeça

chrbát

costas

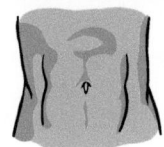

brucho

barriga

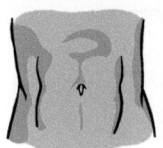

pupok

umbigo

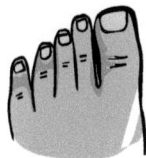

prst na nohe

dedo do pé

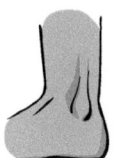

päta

calcanhar

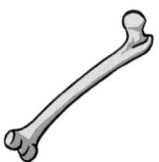

kosť

osso

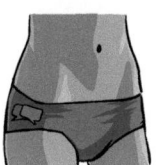

bok

anca

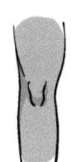

koleno

joelho

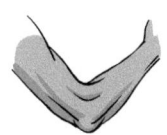

lakeť

cotovelo

nos

nariz

zadok

nádegas

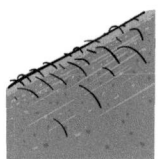

koža

pele

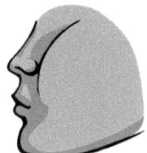

líce

bochecha

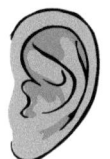

ucho

orelha

pery

lábio

ústa
boca

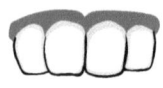

zub
dente

jazyk
língua

mozog
cérebro

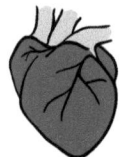

srdce
coração

svaly
músculo

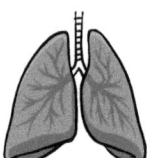

pľúca
pulmão

pečeň
fígado

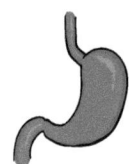

žalúdok
estômago

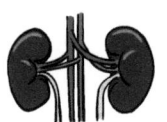

obličky
rins

pohlavný styk
relações sexuais

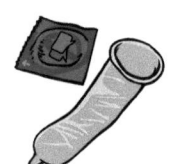

kondóm
preservativo

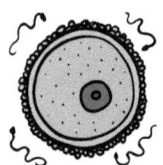

vaječná bunka
óvulo

semeno
esperma

tehotenstvo
gravidez

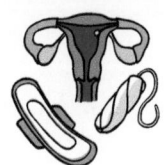

menštruácia

menstruação

vagína

vagina

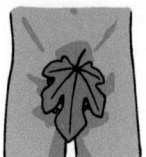

penis

pênis

obočie

sobrancelha

vlasy

cabelo

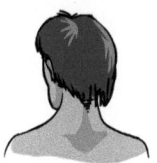

krk

pescoço

nemocnica
hospital

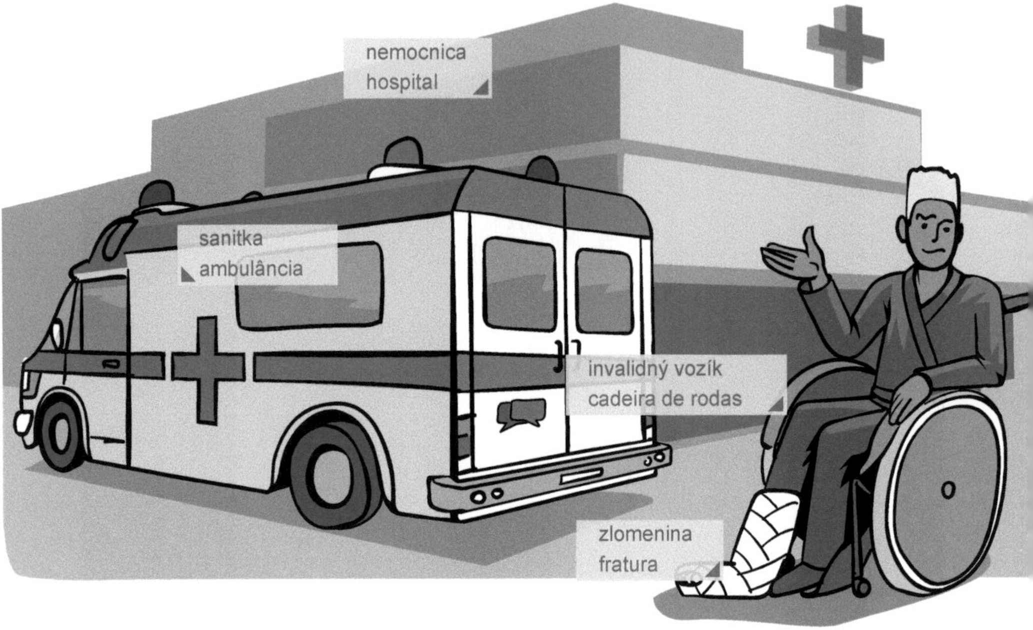

nemocnica
hospital
sanitka
ambulância
invalidný vozík
cadeira de rodas
zlomenina
fratura

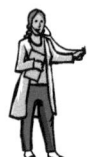

lekár

médico

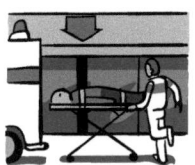

urgentný príjem

pronto-socorro

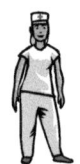

sestrička

enfermeira

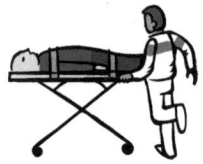

urgentný prípad

emergência

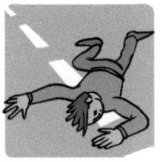

v bezvedomí

inconsciente

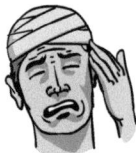

bolesť

dor

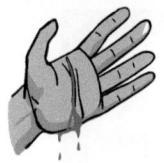

zranenie

ferimento

krvácanie

hemorragia

srdcový infarkt

ataque cardíaco

mozgová porážka

acidente vacular cerebral

alergia

alergia

kašeľ

tosse

teplota

febre

chrípka

gripe

hnačka

diarreia

bolesť hlavy

dor de cabeça

rakovina

câncer

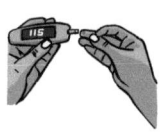

cukrovka

diabetes

chirurg

cirurgião

skalpel

bisturi

operácia

operação

CT
CT

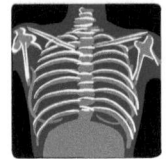

RTG
raio x

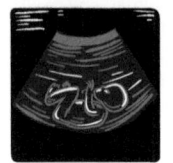

ultrazvuk
ultrassom

maska
máscara

choroba
doença

čakáreň
sala de espera

barla
muleta

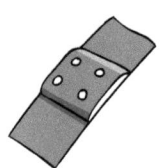

náplasť
bandeide

obväz
ligadura

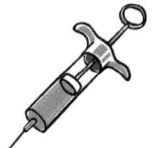

injekcia
injeção

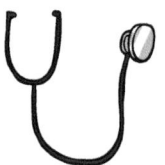

fonendoskop
estetoscópio

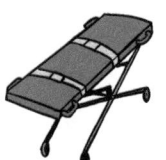

nosidlá
maca

teplomer
termômetro

pôrod
nascimento

nadváha
excesso de peso

audiofón

aparelho auditivo

dezinfekčný prostriedok

desinfetante

infekcia

infecção

vírus

vírus

HIV / AIDS

HIV / AIDS

medicína

medicamento

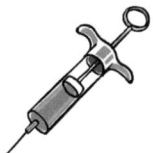

očkovanie

vacinação

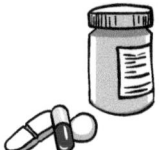

tabletky

comprimidos

antikoncepčná pilulka

pílula

tiesňové volanie

chamada de emergência

tlakomer

dispositivo de medição de
pressão arterial

chorý / zdravý

doente / saudável

Pomoc!

Socorro!

alarm

alarme

prepad

assalto

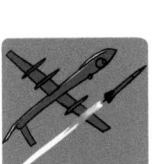

útok

ataque

nebezpečenstvo

perigo

núdzový východ

saída de emergência

Horí!

Fogo!

hasičský prístroj

extintor de incêndios

nehoda

acidente

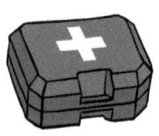

kufrík prvej pomoci

maleta de primeiros socorros

SOS

SOS

polícia

polícia

Európa

Europa

Severná Amerika

América do Norte

Južná Amerika

América do Sul

Afrika

África

Ázia

Ásia

Austrália

Austrália

Atlantický oceán

Atlântico

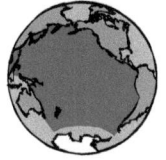

Tichý oceán

Pacífico

Indický oceán

Oceano Índico

Južný oceán

Oceano Antártico

Severný ľadový oceán

Oceano Ártico

Severný pól

Polo Norte

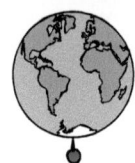

Južný pól
Polo Sul

Antarktída
Antártica

Zem
Terra

krajina
terra

more
mar

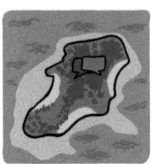

ostrov
ilha

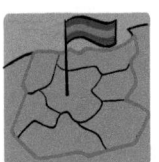

národ
nação

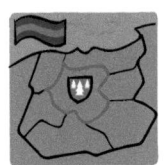

štát
estado

ciferník

mostrador do relógio

hodinová ručička

ponteiro das horas

minútová ručička

ponteiro dos minutos

sekundová ručička

ponteiro dos segundos

Koľko je hodín?

Que horas são?

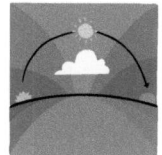

deň

dia

čas

tempo

teraz

agora

digitálne hodiny

relógio digital

minúta

minuto

hodina

hora

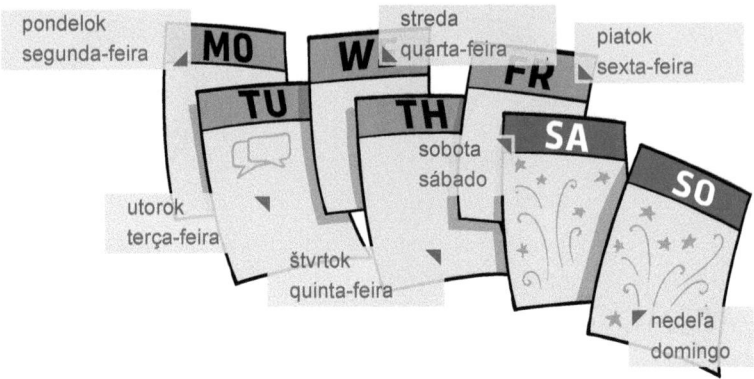

pondelok
segunda-feira

streda
quarta-feira

piatok
sexta-feira

utorok
terça-feira

štvrtok
quinta-feira

sobota
sábado

nedeľa
domingo

včera

ontem

dnes

hoje

zajtra

amanhã

ráno

manhã

poludnie

meio-dia

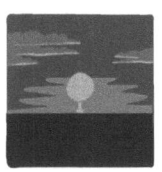

večer

entardecer

pracovné dni

dias úteis

víkend

fim de semana

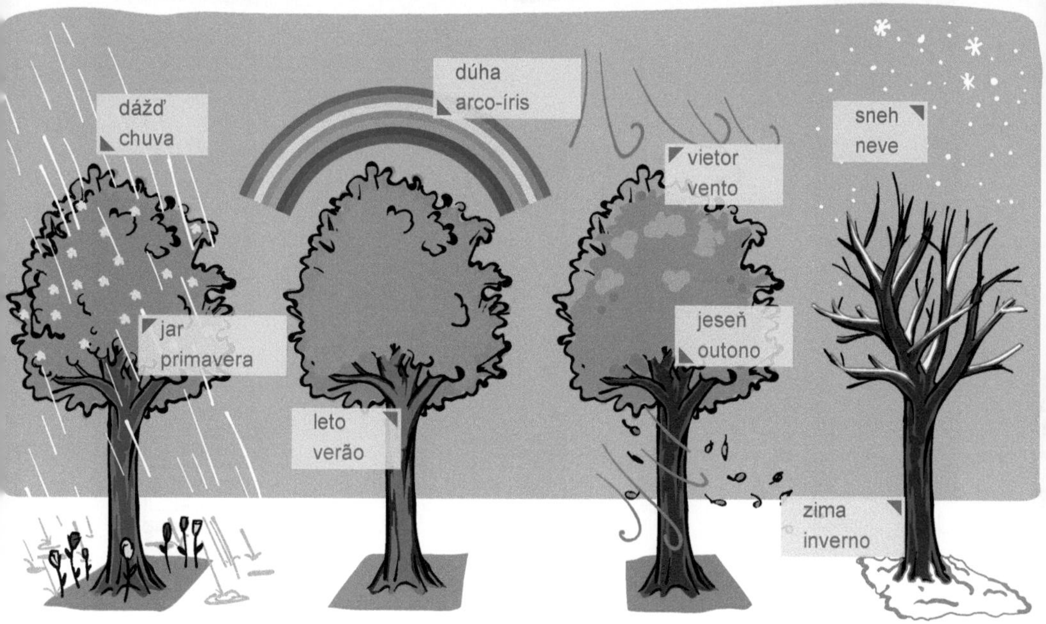
dážď
chuva
dúha
arco-íris
vietor
vento
sneh
neve
jar
primavera
leto
verão
jeseň
outono
zima
inverno

4.APRIL 11°
5.APRIL 4°
6.APRIL 13°
7.APRIL 8°
8.APRIL 10°

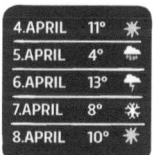

predpoveď počasia

previsão do tempo

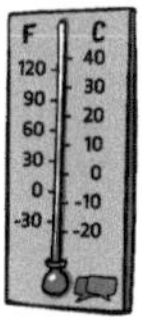
F
C
120
90
60
30
0
-30
40
30
20
10
0
-10
-20

teplomer

termômetro

slnečný svit

raio de sol

oblak

nuvem

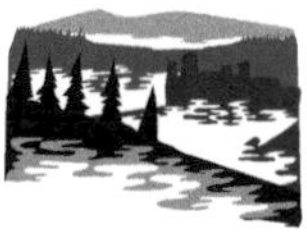

hmla

neblina / nevoeiro

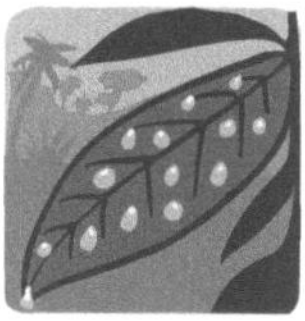

vlhkosť vzduchu

umidade do ar

blesk

relâmpago

hrom

trovão

búrka

tempestade

krúpy

granizo

monzún

monção

záplava

inundação

ľad

gelo

január

janeiro

február

fevereiro

marec

março

apríl

abril

máj

maio

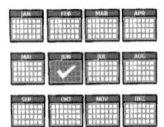

jún

junho

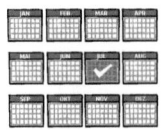

júl

julho

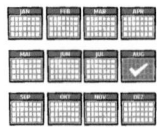

august

agosto

september
....
setembro

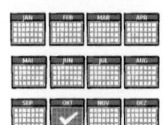

október
....
outubro

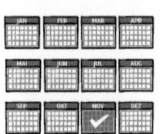

november
....
novembro

december
....
dezembro

tvary
formas

kruh
....
círculo

štvorec
....
quadrado

obdĺžnik
....
retângulo

trojuholník
....
triângulo

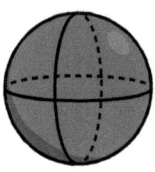

guľa
....
esfera

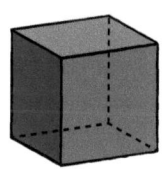

kocka
....
cubo

biela

branco

žltá

amarelo

oranžová

laranja

ružová

rosa

červená

vermelho

fialová

lilás

modrá

azul

zelená

verde

hnedá

marrom

šedá

cinza

čierna

preto

veľa / málo

muito / pouco

zúrivý / pokojný

furioso / tranquilo

pekný / škaredý

lindo / feio

začiatok / koniec

começo / fim

veľký / malý

grande / pequeno

svetlý / tmavý

claro / escuro

brat / sestra

irmão / irmã

čistý / špinavý

limpo / sujo

úplný / neúplný

completo / incompleto

deň / noc

dia / noite

mŕtvy / živý

morto / vivo

široký / úzky

largo / estreito

chutný / nechutný

comestível / não comestível

zlostný / láskavý

mau / gentil

vzrušený / unudený

entusiasmado / entediado

tlstý / chudý

gordo / magro

prvý / posledný

primeiro / último

priateľ / nepriateľ

amigo / inimigo

plný / prázdny

cheio / vazio

tvrdý / mäkký

duro / macio

ťažký / ľahký

pesado / leve

hlad / smäd

fome / sede

chorý / zdravý

doente / saudável

nelegálny / legálny

ilegal / legal

inteligentný / hlúpy

inteligente / idiota

vľavo / vpravo

esquerda / direita

blízko / ďaleko

perto / longe

nový / použitý

novo / usado

nič / niečo

nada / alguma coisa

starý / mladý

velho / jovem

zapnuté / vypnuté

ligado / desligado

otvorené / zatvorené

aberto / fechado

tichý / hlasný

baixo / alto

bohatý / chudobný

rico / pobre

správne / nesprávne

certo / errado

drsný / hladký

áspero / liso

smutný / šťastný

triste / feliz

krátky / dlhý

curto / longo

pomaly / rýchlo

lento / rápido

mokrý / suchý

molhado / seco

teplý / studený

ameno / fresco

vojna / mier

guerra / paz

0

nula

zero

1

jeden

um

2

dva

dois

3

tri

três

4

štyri

quatro

5

päť

cinco

6

šesť

seis

7

sedem

sete

8

osem

oito

9

deväť

nove

10

desať

dez

11

jedenásť

onze

12

dvanásť
doze

13

trinásť
treze

14

štrnásť
quatorze

15

pätnásť
quinze

16

šestnásť
dezesseis

17

sedemnásť
dezessete

18

osemnásť
dezoito

19

devätnásť
dezenove

20

dvadsať
vinte

100

sto
cem

1.000

tisíc
mil

1.000.000

milión
milhão

angličtina

inglês

americká angličtina

inglês americano

mandarínska čínština

chinês mandarim

hindčina

hindi

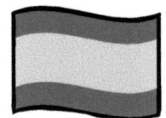

španielčina

espanhol

francúzština

francês

arabčina

árabe

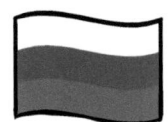

ruština

russo

portugalčina

português

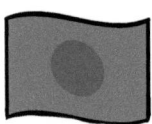

bengálčina

bengalês

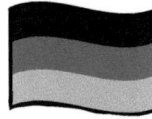

nemčina

alemão

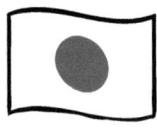

japončina

japonês

ja

eu

ty

você

on/ona/ono

ele / ela

my

nós

vy

vocês

oni

eles / elas

kto?

quem?

čo?

O quê?

ako?

como?

kde?

onde?

kedy?

Quando?

meno

nome

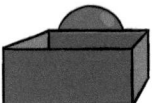

za
....
atrás

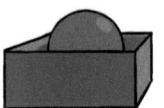

v
....
em

pred
....
na frente de

nad
....
sobre

na
....
em cima

pod
....
debaixo

vedľa
....
do lado

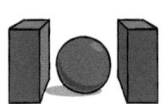

medzi
....
entre

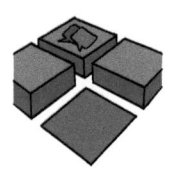

miesto
....
lugar